Los Cuentos

de

Munchy

y

Jumpy

VOLUMEN I

Cuentos infantiles en español sobre la conciencia plena,
la felicidad, y las segundas oportunidades

Un libro que enseña habilidades sociales para niños de 5 a 8 años

Escrito por Noah Teitelbaum
Ilustrado por Julia Gootzeit

Copyright © 2020 Empowering Education

Todos los derechos reservados. Ninguna parte de esta publicación puede reproducirse, transmitirse o distribuirse en ninguna forma o por ningún medio, ya sea electrónico o mecánico, incluyendo fotocopias, grabaciones o cualquier sistema de almacenamiento y recuperación, sin el permiso escrito del editor.

Publicado por Empowering Education
383 Corona St.
Denver, CO 80218
(720) 766-5765
www.empoweringeducation.org

Escrito por Noah Teitelbaum

Ilustrado por Julia Gootzeit

Diseño y maquetación de libro por Kory Kirby

ISBN 978-1-7349393-1-6

Impreso en los Estados Unidos de America

Contenido

Nota a los adultos	v
Una fiesta de cumpleaños olvidada	1
Patas y manos	17
Un día espinoso	29
Los amigos mezclados	41

Nota a los adultos

En un par de páginas conocerás a Munchy y Jumpy mientras aprenden a hacer "días revividos", repeticiones de un día que salió mal. (¿Has visto la película *Día de la Marmota*?) Estos cuentos son parte del programa de aprendizaje socioemocional de Empowering Education. Están diseñados para ser leídos en voz alta a los niños, disfrutados y luego discutidos. Cada cuento destaca una habilidad social y emocional, incluyendo la atención plena, que es el acto de prestar atención a lo que sucede dentro de nosotros y a nuestro alrededor.

En determinados momentos de cada cuento, encontrarán sugerencias opcionales para movimientos o discusiones. Estos son algunos ejemplos:

> **Olfateemos como lo hace Munchy**

> **¿Cómo crees que se siente Jumpy?**

Elija cual usar en función a que tan comprometidos estén los niños, su edad, y otros factores. Demasiadas interrupciones pueden hacer que los niños no se concentren en el cuento. Sin embargo, las preguntas o el movimientos también pueden ayudar a los lectores más inquietos a mantenerse interesados y profundizar en sus pensamientos

Si desea ver recursos adicionales que acompañan a estos cuentos o simplemente saber mas sobre nuestro programa, que está disponible para las escuelas desde el nivel K al 8° grado, visite *empoweringeducation.org/book*

¡Ahora vamos a tener algunas aventuras de dos días!

— Noah Teitelbaum, *Director Ejecutivo y fan de Munchy y Jumpy*

1

Una fiesta de cumpleaños olvidada

Hace mucho tiempo, pero no demasiado tiempo, y muy lejos, pero no demasiado lejos, vivían dos conejos mellizos: Munchy y Jumpy. Vivían en un árbol enorme en un parque que era salvaje, pero no demasiado salvaje.

Hoy era el cumpleaños de los conejitos. Los mellizos tenían muchas preguntas para su madre.

—¡Mamá! —preguntó Jumpy— ¿Quieres jugar a mi juego nuevo?

Munchy interrumpió para preguntar: —¿Será que Toby la Tortuga me traerá zanahorias de chocolate?

La madre no respondió. Sonrió y los envió afuera a jugar.

Afuera, Jumpy le dijo a Munchy: —Hice estos aros con hojas. La idea es tirárselos a alguien en las orejas. —Lanzó uno al aire y cayó en su propia oreja— ¡Ta-chán! ¡Es un lanzamiento de aros de conejo! ¡Debemos jugar esto con Toby!

Lanzó un aro a la oreja de Munchy. —¡Bingo! —gritó.

Munchy sonrió. —Tiraste el anillo y me dio en la oreja, ¡pero sabes que el chocolate es lo que más me interesa! —Se volteó y vio a Toby caminando hacia ellos con regalos.

—¡Feliz cumpleaños! —Les dijo Toby mientas llevaba sus regalos a la mesa. Munchy los olfateó.

¡Vamos a olfatear juntos, como Munchy!

—¡Juguemos al lanzamiento de aros de conejo! —gritó Jumpy. Arrojó un pequeño aro por el aire y lo vio aterrizar en la oreja de Munchy. —¡Bingo!

Jumpy le explicó el juego a Toby. Pero cuando le dijo a dónde apuntar, Jumpy se dio cuenta de que no veía las orejas de Toby.

Toby dijo: —Mejor juguemos a las escondidas. ¡Soy bueno en ese juego!

—Pero siempre jugamos a las escondidas, lloró Jumpy. ¡Quiero jugar este juego!

Su madre les dijo que eligieran un juego que todos pudieran jugar. Jumpy se cruzó de brazos, hizo pucheros y se quedó parada, sola.

> Crucen los brazos y hagan pucheros.
> ¿Cómo creen que se siente Jumpy?

Munchy sí aceptó jugar a las escondidas. Pero en vez de buscar a Toby, se metió debajo de la mesa y olfateó los regalos.

Al poco tiempo, su madre sacó el pastel. Jumpy se les unió, pero siguió callada. Munchy se comió dos pedazos de pastel y rápidamente abrió los regalos. Había zanahorias de chocolate para Munchy, tal como lo esperaba. Se metió una zanahoria grande en la boca. Como le dolía el estómago, se fue a acostar, sin despedirse de Toby.

Después de que Toby se fuera, el tío Lamont vino a desearle un feliz cumpleaños a los conejitos, quienes le contaron sobre la fiesta.

El tío Lamont dijo: —Parece que se olvidaron de disfrutar de su fiesta.

—¿Eso qué quiere decir? —preguntó Munchy.

—Munchy, te preocupaste por saber si recibirías chocolate. Y Jumpy, estabas molesta por no poder jugar a tu juego. Ambos se olvidaron de disfrutar.

—¿Y ahora qué hacemos? —preguntó Jumpy—. No quiero olvidarme de divertirme.

—Recuerden disfrutar de su fiesta de cumpleaños el año que viene.

Los conejitos sintieron lágrimas en los ojos.

—¿El año que viene? —sollozó Jumpy—. ¡Falta muchísimo!

El tío se veía serio. —Hay una forma, pero es complicado. Acuéstense en la cama y se los diré.

> *Hagamos de cuenta que nos ponemos la pijama, nos cepillamos los dientes y nos acostamos rápidamente.*

Cuando se acostaron, su tío les contó el secreto: —Hace años aprendí un truco de un erizo especial. Si un día no sale como quieren, pueden pedir un deseo especial y volver a vivir ese día.

—¡¿Qué?! —dijo Jumpy, saltando en la cama—. ¿Se puede vivir un día por segunda vez?

El tío respondió: —Sí. Pero cuando tienen una segunda oportunidad, deben hacer tres respiraciones profundas. Presten mucha atención a lo que está sucediendo a su alrededor y a lo que están sintiendo. ¿Entendieron?

Los conejitos asintieron.

—Bueno. Ahora hagan exactamente lo que les diré.

> **Sigamos las instrucciones del tío Lamont.**

—Primero, cierren los ojos y cierren bien los puños. Después de decir las palabras especiales, hagan tres respiraciones profundas y abran los ojos. Ahora repitan después de mí: "Día revivido, día revivido. Que sea un día revivido".

"Día revivido, día revivido, probemos otro camino".

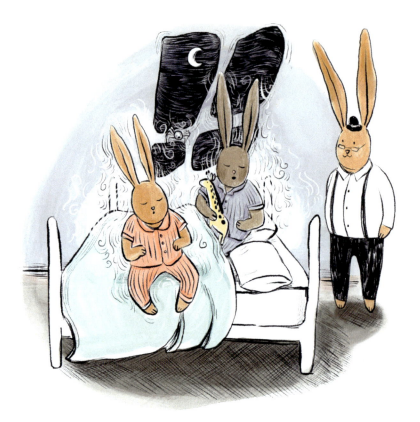

Los conejitos repitieron las palabras y luego respiraron profundo tres veces. Uno. Dos. Tres.

> **Vamos a respirar lentamente con ellos y veamos cómo nos sentimos.**

Al abrir los ojos, los conejitos se sorprendieron al ver que el tío Lamont había desaparecido, ¡y que ya no estaban en la cama! Ahora estaban al comienzo de su fiesta de cumpleaños, y todo parecía más brillante. Olieron el aroma del pastel, sintieron el sol y vieron a Toby que venía caminando hacia su árbol.

> Los Conejos están reviviendo parte del día que acaba de pasar. ¿Qué creen que los conejitos harán de manera diferente esta vez en la fiesta?

Como la otra vez, Jumpy tomó su aro, lo arrojó al aire y lo atrapó con la oreja.

—¡Juguemos al lanzamiento de aros de conejo! —Gritó cuando Toby llegó.

E igual que la otra vez, no vio las orejas de Toby. Pero esta vez, Jumpy respiró y se dio cuenta de que estaba un poco molesta por no poder jugar a su juego. Luego miró a Toby y se dio cuenta de que él estaba avergonzado de no tener orejas grandes. Así que Jumpy decidió jugar con Toby, y se unió al juego de las escondidas.

Y como la última vez, Munchy se metió debajo de la mesa de regalos cuando comenzó el juego. Pero esta vez, levantó la vista y dejó de oler los regalos. Se rió al ver que las orejas de su hermana sobresalían de su escondite favorito.

Más tarde, mientras comían pastel de cumpleaños, los amigos cantaron una canción graciosa sobre un lobo que perdió su pijama y Jumpy se rió tanto que se le salió un poco de pastel de cumpleaños por la nariz. Los conejitos tenían mucho para contarle a su tío esa noche.

A partir de ese día, los conejitos mellizos recordaron el truco del día revivido. Lo usaron seguido, pero no demasiado seguido. Quizá ustedes también pueden probarlo.

Fin

Discusión:

1. ¿Por qué ninguno de los conejos disfrutó de la fiesta de cumpleaños?

2. ¿Qué fue diferente la segunda vez que vivieron el día? ¿Qué fue igual?

3. ¿Qué ayudó a Munchy y Jumpy a disfrutar de su cumpleaños?

4. ¿Ya hicieron algo que debería haber sido divertido, pero no lo disfrutaron, como Munchy y Jumpy?

5. Munchy y Jumpy aprendieron de su tío algo que llamamos atención plena. La atención plena es prestar atención a lo que estamos sintiendo y pensando, y a lo que está sucediendo a nuestro alrededor. Lo hicimos cuando respiramos lentamente. ¿Cómo los hizo sentir eso?

6. Si pudieran repetir un día de esta semana, ¿qué harían diferente?

> Para obtener más recursos
> de este cuento, visita:
> www.empoweringeducation.org/book

2

Patas y manos

Hace mucho tiempo, pero no demasiado tiempo, y muy lejos, pero no demasiado lejos, vivían dos conejos gemelos: Munchy y Jumpy. Vivían con su madre en un árbol acogedor que era alto, pero no muy alto, en un parque que era salvaje, pero no demasiado salvaje.

Un día, mientras exploraban por el parque, Munchy y Jumpy vieron un árbol enorme con ramas bajas que se balanceaban con el viento. Los animales se hamacaban en las ramas y las risas se oían cada vez más fuertes mientras los conejitos se acercaban.

Los ojos de Jumpy se iluminaron cuando vio a un pequeño canguro y a una ardilla con alas pequeñas correteando por las ramas. Se subió de un salto a las ramas para unirse a su juego.

> Saltemos en el lugar como la ardilla voladora con los brazos estirados, o abrázate fuerte para saltar como un canguro.

Munchy vio a su hermana jugar y luego se miró las patas, que no parecían adecuadas para escalar enredaderas. Su hermana y sus nuevos amigos le hicieron señas para que se uniera a su juego, lo llamaron "Carrera de saltos", pero él se dio la vuelta, interesado de repente en un bicho en el suelo. Se le calentaron las mejillas y su estómago se sentía raro y tembloroso. Deseaba que todos dejaran de mirarlo.

¿Por qué Munchy se puso a mirar un bicho cuando los animales lo miraron?

Luego vio a una mapache tratando de alcanzar una rama. Saltó e intentó alcanzar otras, pero todas estaban demasiado altas.

Imaginemos que tratamos de alcanzar una rama.

La mapache se sentó y vio que estaba Munchy. —Hola, soy Rhonda —dijo—. Ese juego también me pone nerviosa.

Munchy vio que el pelaje alrededor de sus ojos parecía una máscara. Miró al otro lado y dijo —Eh, hola. —Su estómago se sentía tembloroso y todavía tenía las mejillas calientes.— Vi una rica cebolla dulce por allí. Nos vemos luego —dijo Munchy, caminando hacia el otro lado del árbol. Rhonda lo miró, y dejó caer los hombros mientras miraba al suelo.

> ¿Cómo crees que se sintió Rhonda?

Mientras Munchy comía una cebolla, se preguntaba cómo sería balancearse en las ramas. Podría ser divertido jugar con Rhonda, pero parecía una ladrona con esa máscara en la cara. —En realidad, me gusta más jugar con otros conejos —pensó finalmente.

> ¿Por qué crees que Munchy decidió que quiere jugar con otros conejos?

Más tarde ese mismo día, mientras los conejitos caminaban a casa, Jumpy le contó a Munchy cuál es la mejor manera de atrapar una ardilla voladora. —Si haces de cuenta que comes una nuez, ¡siempre vienen! —dijo riendo—. ¿A quién conociste? —preguntó.

Munchy le dijo a su hermana que había pasado la mayor parte del día comiendo cebollas. Mencionó que conoció a una mapache, pero que no creía que debería jugar con otros animales que no sean conejos, especialmente los que tienen máscaras en la cara.

—Tenemos muchos amigos que se ven diferente —dijo Jumpy—. Toby la tortuga no tiene orejas que se vean. ¡Pero es uno de mis mejores amigos! Jumpy tomó la mano de Munchy. —Está bien jugar solo —dijo—. Pero parecía que no querías jugar solo.

Esa noche, Jumpy estaba agotada por jugar a la Carrera de saltos y se quedó dormida tan pronto como se acostaron en la cama. Munchy seguía despierto, pensando en su día. Debería haberle dicho más a Rhonda. Quería revivir el día, para volver a intentarlo. Cerró los ojos, apretó las manos y dijo las palabras especiales.

Repitamos con Munchy.

—Día revivido, día revivido, que sea un día revivido.
Día revivido, día revivido, probemos otro camino.

Munchy recordó lo que su tío le dijo, se sentó derecho y respiró profundo tres veces.

> **Vamos a respirar con él.**

Uno. Dos. Tres.

Cuando soltó los puños y abrió los ojos, había regresado debajo del gran árbol. Su hermana estaba jugando a la Carrera de saltos. Todo era un poco más brillante.

> **¿Qué creen que Munchy hará diferente esta vez?**

Como la última vez, Munchy miró hacia otro lado cuando Jumpy lo llamó para jugar. Como la última vez, vio a Rhonda. Y, como la última vez, le dijo: —Hola, soy Rhonda. Ese juego también me pone nerviosa.

Pero esta vez, Munchy notó dos sentimientos. Se sentía nervioso por ser amigo de una mapache, pero también sentía curiosidad. —Hola, soy Munchy.

Rhonda levantó las patas. —Tengo buenas manos para agarrar y balancearme, pero no puedo saltar muy alto.

Munchy sonrió y dijo: —Yo salto y tú agarras, pero si los dos nos hamacamos, ¡en el piso terminamos! —Rhonda se rió, pero luego se detuvo. ¡La rima de Munchy le había dado una idea!

Rhonda trepó el árbol para encontrar una rama gruesa. Munchy saltó y empujó las ramas que se hamacaban hacia ella. Ella las agarró con las patas. Ató las ramas una por una.

> Vamos a atar algunas ramas.

Rhonda revisó dos veces sus nudos, se metió en la maraña de ramas y las dejó hamacarse en el aire. Munchy levantó la vista y vio lo que habían hecho. ¡Una hamaca!

Cuando Munchy saltó para unirse a Rhonda, otros animales vinieron a investigar. Con el permiso de Munchy y de Rhonda, todo el mundo probó la hamaca para hamacarse rápido, pero no demasiado rápido. Munchy, Jumpy y sus nuevos amigos se rieron y se hamacaron alto, pero no demasiado alto, hasta altas horas de la tarde.

Fin

Discusión:

1. ¿Por qué Munchy no quería jugar con Rhonda?
2. ¿Qué tenían en común Rhonda y Munchy?
3. ¿Qué diferencias había entre Rhonda y Munchy?
4. ¿Qué hizo Munchy distinto durante su día repetido?
5. ¿Para qué sirvieron las diferencias entre Rhonda y Munchy?
6. ¿En qué se diferencian algunos de tus amigos de ti?
7. ¿Cuándo ha sido difícil para ti hablar con gente nueva? ¿Cómo lo solucionas?

**Para obtener más recursos
de este cuento, visita:
www.empoweringeducation.org/book**

3

Un día espinoso

Hace mucho tiempo, pero no demasiado tiempo, y muy lejos, pero no demasiado lejos, vivían dos conejos mellizos: Munchy y Jumpy. Vivían en un agujero acogedor en un árbol que los mantenía calientes al dormir, pero no demasiado calientes.

Los conejos se despertaron con el ruido de la lluvia. Tip, tap, tip, tap. Se acurrucaron debajo de la manta. De repente Jumpy se sentó y gritó: —¡Hoy correré la Gran Carrera de Campo!

—Lo siento —dijo su madre—. La carrera se canceló debido a la lluvia.

El corazón de Jumpy se hundió. Se arrojó en la cama. —¡Puedo correr bajo la lluvia! ¡Soy más rápida que las gotas! Saltó de la cama y salió corriendo hacia afuera.

> Vamos a saltar y a correr en el lugar.

Cuando estaba afuera, dio un pisotón en el suelo.

Munchy le dijo: —¡Asustaste a esa ranita!

—Jumpy, eso no fue lindo —la regañó su madre.

—A las ranas les gusta el agua —dijo Jumpy haciendo pucheros.

Cuando Jumpy estaba adentro y seca, ella y Munchy se sentaron junto a la ventana. Las gotas de lluvia constantes ahora sonaban como tipi-tap, tipi-tap, tipi-tap.

Munchy masticaba un sabroso rábano. Jumpy movía el pie.

A la hora del almuerzo, Jumpy movía los dos pies, las dos manos y, de alguna manera, una de sus orejas. —¡Uf! Este es el peor día de la historia. Justo entonces, ¡un trueno iluminó todo el cielo!

¡PUM! ¡GRASH!

—¡Un trueno! —dijo Jumpy, saltando—. ¡Los truenos son lo mejor!

Munchy se escondió y tembló debajo de la manta. Rápidamente se comió un puñado de fresas.

Y de nuevo: Flash, ¡PUM! ¡GRASH! Ahora Munchy se puso una almohada sobre la cabeza.

Otro crujido. ¡Y otro más! A Munchy le castañeaban los dientes mientras se metía tres fresas más en la boca.

> ¿Podemos hacer que nos castañean los dientes y que comemos?

Finalmente, los truenos y relámpagos se detuvieron, pero la lluvia continuó. Jumpy movía el pie con impaciencia y Munchy se escondió debajo de su almohada. Se le habían acabado las fresas, así que estaba masticando su jirafa de peluche. Al poco tiempo, Munchy se tocó la barriga y gimió.

> ¿Qué crees que está sintiendo cada uno de los conejitos?

Más tarde, mientras su madre los llevaba a la cama, les preguntó si querían hacer rosas y espinas.

—Decimos lo mejor que sucedió en el día: la rosa, y lo que fue más difícil: la espina —explicó la madre.

—Solo hubo espinas —dijo Jumpy—. Odié el día de hoy. Me perdí la carrera, y solo nos quedamos aquí sentados.

—¡Sí, el día fue una gran espina! —agregó Munchy—. Ese trueno fue muy ruidoso y me dio miedo. Y comí demasiado.

> ¿Pueden pensar en alguna rosa durante el día de Munchy y Jumpy? ¿Cualquier cosa que hayan disfrutado, de la que se estén olvidando?

Madre dijo: —Cuando estoy teniendo un día difícil, me gusta cantar.

—¿Tú también tienes días espinosos? —le preguntó Munchy. —¡Pero eres nuestra mamá!

Mamá se rió. —Sí, los tengo. Si el día es muy difícil, me imagino que estoy parada sobre una enorme lechuga, balanceándome suavemente en la brisa.

—Tal vez ustedes dos deberían decidir qué los hace sentir mejor.

Los conejitos pensaron en eso mientras su madre les daba un beso de buenas noches.

> ¿Qué cosas que los hacen sentir mejor cuando tienen un día espinoso o difícil?

Mientras estaban en la cama pensando, Jumpy le susurró a Munchy:
—Revivamos este día.

—¡Bueno! —respondió Munchy. Cerraron los ojos, apretaron los puños con fuerza y dijeron las palabras que habían aprendido.

> **Adelante, apretemos los puños y repitamos con los conejitos.**

—Día revivido, día revivido, que sea un día revivido.
Día revivido, día revivido, probemos otro camino.

Se sentaron derecho y respiraron profundo tres veces. Uno. Dos. Tres.

> **Vamos a respirar con ellos.**

Uno, dos, tres. Abrieron los ojos, y todo parecía más brillante. Como la última vez, los conejos vieron la lluvia caer y hacerse charcos en el suelo. Como la última vez, vieron las nubes grises oscuras en el cielo. Y como la última vez, se oyó el rápido tipi-tap, tipi-tap, tipi-tap.

> ¿Qué creen que los conejitos harán diferente esta vez cuando sea un día lluvioso?

—¡Quiero hacer algo! —Exclamó Jumpy, golpeando el pie. Pero esta vez, tomó una pequeña bola de su caja de juguetes y la apretó.

> **Vamos a imaginar que una de nuestras manos es una bola y a apretarla con la otra.**

El pie de Jumpy se relajó. Vio su libro para colorear y lo abrió.

Pero en ese mismo momento, un rayo volvió a encender la habitación y ¡PUM! ¡GRASH! El trueno sacudió el árbol. Munchy saltó debajo de las mantas. Pero esta vez, él dijo: —¡Mamá! Ese trueno es demasiado ruidoso.

Su madre lo recogió y lo abrazó.

> **Cada uno vamos a abrazarnos con fuerza, en un gran abrazo.**

UN DÍA ESPINOSO 37

Sonrió y dijo: —Quiero muchas fresas. Pero luego cambió de opinión. —No, mejor solo quiero una fresa. Y me encantaría que cantaras dos canciones. Y que me des tres abrazos.

Y eso es lo que hizo su madre. Le dio una jugosa fresa, cantó dos canciones y lo abrazó tres veces. Los conejitos se sentían cómodos y tranquilos con su madre, en su árbol que era pequeño, pero no demasiado pequeño, y caliente, pero no demasiado caliente, mientras escuchaban la lluvia caer.

Fin

Discusión

1. ¿Qué sentía Jumpy durante el día lluvioso?

2. ¿Qué sentía Munchy?

3. ¿Qué hizo Jumpy para sentirse mejor?

4. ¿Qué hizo Munchy?

5. Las cosas que hacemos cuando tenemos un día difícil se llaman "habilidades para enfrentar problemas". ¿Qué habilidad para enfrentar problemas has utilizado cuando tienes que quedarte sentado por más tiempo del que te gustaría?

> Para obtener más recursos
> de este cuento, visita:
> www.empoweringeducation.org/book

4

Los amigos mezclados

Hace mucho tiempo, pero no demasiado tiempo, y muy lejos, pero no demasiado lejos, vivían dos conejos gemelos: Munchy y Jumpy. Vivían con sumadre en un acogedor árbol que era grande, pero no demasiado grande, en un parque que era salvaje, pero no demasiado salvaje.

Un día, Munchy y Jumpy esperaron con el tío Lamont a que sus amigos llegaran al parque. El tío había creado una búsqueda del tesoro con pistas.

Sus amigos llegaron pronto. Lizzie la lagartija corrió rápido, lista para la acción. Wally el mago, un ratón marrón reflexivo, caminó tranquilamente hacia el árbol con su sombrero especial.

El tío Lamont les dijo a los amigos que deberían dividirse en dos grupos. Cada grupo buscaría un objeto oculto.

Jumpy admiraba lo rápido que Lizzie corría y la eligió a ella. Munchy se unió con Wally, que era muy inteligente. Cada grupo recibió una pista.

Munchy leyó:

*Por la puerta te dejaré pasar,
y puedes apostar que seguro estaré,
donde las lenguas de vaca mojarse ves.*

Munchy y Wally pensaron en su pista.

> **Vamos a rascarnos la cabeza y pensar en la pista, como Wally el mago.**

—¿Tienes vacas? —preguntó Wally.

—¡Los conejos no tienen vacas! ¡Pero el granjero de aquel campo sí tiene! ¡Y tiene una bañera vieja que llena de agua donde sus lenguas se mojan! ¿Qué significa, "Por la puerta te dejaré pasar"?

—Ya sé —dijo Wally—. ¡Una llave!

—¡Sí! —gritó Munchy. Corrieron para encontrar la bañera. La bañera vacía estaba entre el césped, junto a un barril de agua.

¿Cómo podrían subir a la bañera? Wally tenía una idea. Él subiría a la espalda de Munchy, y Munchy saltaría.

Pero cuando Munchy saltó, su pie golpeó el barril. Afortunadamente, los amigos cayeron dentro de la bañera. Desafortunadamente, el barril de agua se volcó, ¡y el agua comenzó a entrar en la bañera!

—¿Deberíamos saltar hacia afuera o intentar nadar? —preguntó Wally.

—¡No lo sé! —dijo Munchy. —¡No tenemos tiempo para pensar! El conejo y el ratón corretearon hasta el otro extremo. El agua entró, y pronto estaban nadando.

> ¡Usemos nuestros brazos para nadar y mantenernos a flote en la bañera!

Afortunadamente, el pie de Munchy levantó el tapón de la bañera. El agua salió, y Wally y Munchy quedaron tirados en el fondo, mojados y agotados. Una vez que recuperaron la respiración, los amigos agarraron la llave y volvieron con el tío Lamont.

De vuelta en el árbol, Jumpy y Lizzie tenían su propia pista:

*Si exploras cerca de la espuma
encontrarás esta piedra que brillaba con dulzura.*

—¡Eso es fácil! —gritó Jumpy. ¡El tío Lamont escondió mi roca de mascota cerca del arroyo espumoso!

En el arroyo, vieron a Toby la Tortuga.

—¡Oye! —dijo Jumpy—. ¡Creo que esa es mi roca! ¿Se está llevando...?

Antes de que Jumpy pudiera terminar, Lizzie gritó —¡Hay que atrapar a esa tortuga ladrona de rocas! Bajó la colina, saltó sobre su caparazón con sus manos pegajosas y golpeó a Toby con su cola. Sorprendido, Toby comenzó a temblar.

> Vamos a acurrucarnos como tortugas y a tratar de sacarnos a Lizzie de nuestra espalda.

Afortunadamente, las caparazones de tortuga son bastante duros. Desafortunadamente, la cola de Lizzie giró y golpeó el ojo de Toby.

—¡Auch! ¿Qué haces? —exclamó Toby.

—¡Está atrapando a un ladrón de rocas! —gritó Jumpy.

—¿Ladrón? —dijo Toby—. No estoy robando nada. Estaba devolviéndote tu roca mascota, Jumpy.

—¡Exactamente! —exclamó Lizzie, que realmente no estaba escuchando—. Eres un ladrón.

Lizzie finalmente entendió que Toby no estaba robando la roca, y se bajó de su espalda para disculparse. Toby trató de sonreír, pero tenía lágrimas en los ojos. No aceptó la invitación de Jumpy para merendar galletas y té.

De vuelta en el árbol, los compañeros de equipo le entregaron la llave y la piedra al tío Lamont. Wally escurrió el agua de su sombrero y se fue, con mucha tristeza. Lizzie bajó su cabeza y murmuró: —Espero que Toby esté bien —antes de irse. Los mellizos cenaron y se fueron a la cama.

—Lizzie me cae muy bien —dijo Jumpy—. ¡Es tan rápida! Pero nunca se detiene a pensar, y ahora Toby está herido y triste.

—Hoy casi nos ahogamos —dijo Munchy—, porque Wally y yo no pudimos actuar lo suficientemente rápido en la bañera. Hubiese sido bueno tener a Lizzie.

—Y hubiese sido bueno tener a Wally —dijo Jumpy—. Él no habría atacado a Toby.

¡Los conejitos sabían que era hora de un día revivido! Cerraron los ojos y apretaron las patas.

> **Cierra los ojos, aprieta tus manos y repite después de mí.**

—Día revivido, día revivido, que sea un día revivido.
Día revivido, día revivido, probemos otro camino.

Respiraron profundamente tres veces.

> **Vamos a respirar con ellos.**

Uno. Dos. Tres.

Cuando abrieron los ojos, todo estaba brillante. Volvieron a lo del tío Lamont, eligiendo a su compañero. Jumpy eligió a Wally porque era pensativo. Munchy eligió a Lizzie porque actuaba rápidamente.

Como que la última vez, Munchy siguió la pista hasta llegar a la bañera. Como la última vez, saltaron a la bañera. Y como la última vez, Munchy derribó el barril y el agua se cayó. Pero esta vez, estaba con Lizzie. Cuando vio el agua, agarró la mano de Munchy y gritó: —¡Salta! Desde arriba, vieron llenarse la bañera y no se mojaron. Munchy vio la llave y Lizzie se lanzó, la agarró con su lengua y salió escalando con sus pegajosas manos de lagarto.

> *Hagamos de cuenta que salimos de la bañera con nuestras manos pegajosas.*

Como la última vez, Jumpy siguió la pista que llevaba a su roca mascota en el arroyo. Como la última vez, vio a Toby la tortuga con la roca. Y como la última vez, Jumpy dijo: —¡Oye! ¡Creo que esa es mi roca!

Pero esta vez, nadie interrumpió. —¿Se está llevando mi roca? ¿Por qué Toby haría eso?

Wally le preguntó a Toby, quien explicó: —¡Solo estaba llevándole esta roca a Jumpy! ¡Aquí tienes! Sintiéndose afortunada de tener un buen amigo, Jumpy invitó a la tortuga a su casa.

Todos se reunieron en la casa para tomar té de rábano y galletas. Las galletas eran crujientes, pero no demasiado crujientes, y dulces, pero no demasiado dulces, e incluso Toby comió dos veces.

Fin

Discusión:

1. ¿En qué era buena Lizzie la lagartija? ¿Qué parte de nuestro cerebro es así? (El cerebro de lagarto o amígdala)

2. ¿En qué era bueno Wally el Mago? ¿Qué parte de nuestro cerebro es así? (El cerebro de mago o corteza prefrontal)

3. ¿Por qué fue un problema para Jumpy tener a Lizzie como compañera?

4. ¿Por qué fue un problema para Munchy tener a Wally como su compañero?

5. ¿Cuándo te gustaría que Lizzie la lagartija te ayude?

6. ¿Cuándo te gustaría que Wally el mago te ayude?

Para obtener más recursos de este cuento, visita:
www.empoweringeducation.org/book

Acerca de los autores

Noah Teitelbaum fue un maestro escolar , entrenador de maestros y ahora es el Director Ejecutivo de Empowering Education. Noah vive en Denver con su esposa y dos hijos, Lilly Mae y Jonah, quienes lo ayudaron a desarrollar estos cuentos.

Julia Gootzeit es una caricaturista e ilustradora que vive en Carolina del Norte. Ella ama pasar el rato con sus gatos y probar recetas nuevas. Puedes conseguir mas información de su trabajo en juliagootzeit.com

Made in the USA
Columbia, SC
27 September 2020